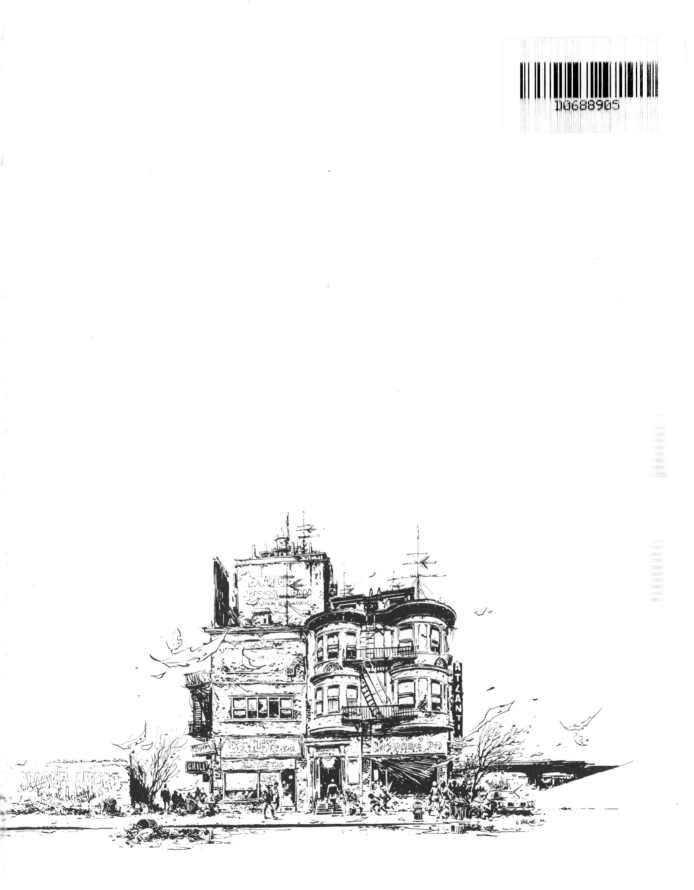

W.VANCE · J.VAN HAMME

OPERATION MONTECRISTO

XIII

Coloriage: PETRA

DARGAUD
BENELUX

www.dargaud.com

Après avoir échappé aux tueurs de Frank Giordino, le patron de la NSA* qui s'est juré d'avoir sa peau, XIII s'est réfugié au Costa Verde.

* National Security Agency, basée à Fort Meade, dans le Maryland.

Il y retrouve le major Jones, le colonel Amos et le général Ben Carrington ainsi que le marquis Armand de Préseau et son épouse Betty dont l'hacienda du San Miguel a été détruite par les hommes de la NSA.

Il y retrouve surtout Maria de los Santos, son ex-épouse devenue présidente de ce petit pays d'Amérique centrale, dont il espère obtenir la protection pour lui et ses amis.

Mais les États-Unis exigent l'extradition immédiate des fugitifs sous peine de sévères sanctions économiques. Et Maria se voit contrainte de les faire arrêter et incarcérer à la prison militaire de Palo Sangre.

VOICI UN ABRÉGÉ DES QUATRE DOSSIERS D'ACCUSATION, MME LA PRÉSIDENTE.

J'Y AI AJOUTÉ CELUI D'UNE CINQUIÈME PERSONNE DONT NOUS RÉCLAMONS ÉGALEMENT L'EXTRADITION.

MAIS ?...

JE CONNAIS LE RESSENTIMENT QUE VOUS POUVEZ ÉPROUVER À L'ÉGARD DE CETTE PERSONNE, MME LA PRÉSIDENTE... MAIS ELLE N'A COMMIS AUCUN CRIME DE SANG AU COSTA VERDE.

TANDIS QU'AUX ÉTATS-UNIS, ELLE DOIT ÊTRE JUGÉE POUR MEURTRE. NOTRE DEMANDE EST DONC PARFAITEMENT JUSTIFIÉE.

SOIT.

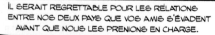

J'ÉTUDIERAI CES DOSSIERS AVEC MON MINISTRE DE LA JUSTICE ET VOUS FERAI SAVOIR MA RÉPONSE, M. L'AMBASSADEUR.

NOUS APPRÉCIERIONS QUE CETTE RÉPONSE NE TARDE PAS TROP, SI VOUS ME COMPRENEZ BIEN.

OH, UNE DERNIÈRE CHOSE, MME LA PRÉSIDENTE...

IL SERAIT REGRETTABLE POUR LES RELATIONS ENTRE NOS DEUX PAYS QUE VOS AMIS S'ÉVADENT AVANT QUE NOUS LES PRENIONS EN CHARGE.

MES RESPECTS, MME LA PRÉSIDENTE.

ELLE NOUS A BIEN EUS, MME VOTRE PRÉSIDENTE.

2.

VOUS LES CONDAMNEZ À MORT ET VOUS LE SAVEZ, MARIA.

CET HOMME QUE VOUS AVEZ AIMÉ ET QUI FUT LE HÉROS DE VOTRE PEUPLE... CETTE JEUNE PILOTE GRÂCE À L'INTERVENTION DE QUI VOUS ÊTES ASSISE ICI, À CETTE TABLE"... C'EST DE LA FÉLONIE !

NON, MARQUIS, C'EST DE LA POLITIQUE.

" VOIR TROIS MONTRES D'ARGENT.

COMME LA PLUPART DES PAYS D'AMÉRIQUE LATINE, LE COSTA VERDE NE PEUT MALHEUREUSEMENT PAS SE PASSER DU SOUTIEN ÉCONOMIQUE DES PUISSANCES OCCIDENTALES. JE NE VEUX PAS QUE MES CONCITOYENS CONNAISSENT L'EXISTENCE DIFFICILE DES CUBAINS ET DES NICARAGUAYENS QUI SUBISSENT L'EMBARGO DES ÉTATS-UNIS.

MAIS JE NE VEUX PAS NON PLUS QU'ILS REVIVENT L'INJUSTICE SOCIALE QU'ILS ONT CONNUE SOUS LA DICTATURE D'ORTIZ. CE QUI FAIT DE MOI, AUX YEUX DES AMÉRICAINS, UNE PRÉSIDENTE DE GAUCHE. DONC POLITIQUEMENT SUSPECTE.

MAIS GRÂCE AUX GISEMENTS DE GERMANIUM DES MONTAGNES DE LA SIERRA CRUZ, J'AI PU MAINTENIR NOS RELATIONS AVEC WASHINGTON. RELATIONS EXTRÊMEMENT FRAGILES QUE JE NE VEUX PAS METTRE EN PÉRIL POUR DE PRÉTENDUES RAISONS SENTIMENTALES.

J'EN AI ASSEZ ENTENDU, MADAME ! ET JE NE RESTERAI PAS UNE MINUTE DE PLUS SOUS CE TOIT. VENEZ, BETTY, NOUS PARTONS SUR-LE-CHAMP !

MAIS... ET LE DESSERT ?...

À VOTRE GUISE.

JE VOUS CONSEILLE LE CRISTOBAL, C'EST LE MEILLEUR HÔTEL DE PUERTO PILAR.

BONNE NUIT, MARQUIS.

4.

6

CETTE CHÈRE FELICITY, QUELLE MAUVAISE SURPRISE ! APPAREMMENT, VOUS FAITES AUSSI PARTIE DU MARCHÉ.

?

ENCORE UNE DE VOS ANCIENNES PETITES AMIES, JE PRÉSUME ?

PAS VRAIMENT, NON. C'EST GRÂCE À CETTE CHARMANTE PERSONNE QUE JE ME SUIS RETROUVÉ À PLAIN ROCK, DE SINISTRE MÉMOIRE.*

* VOIR LÀ OÙ VA L'INDIEN.

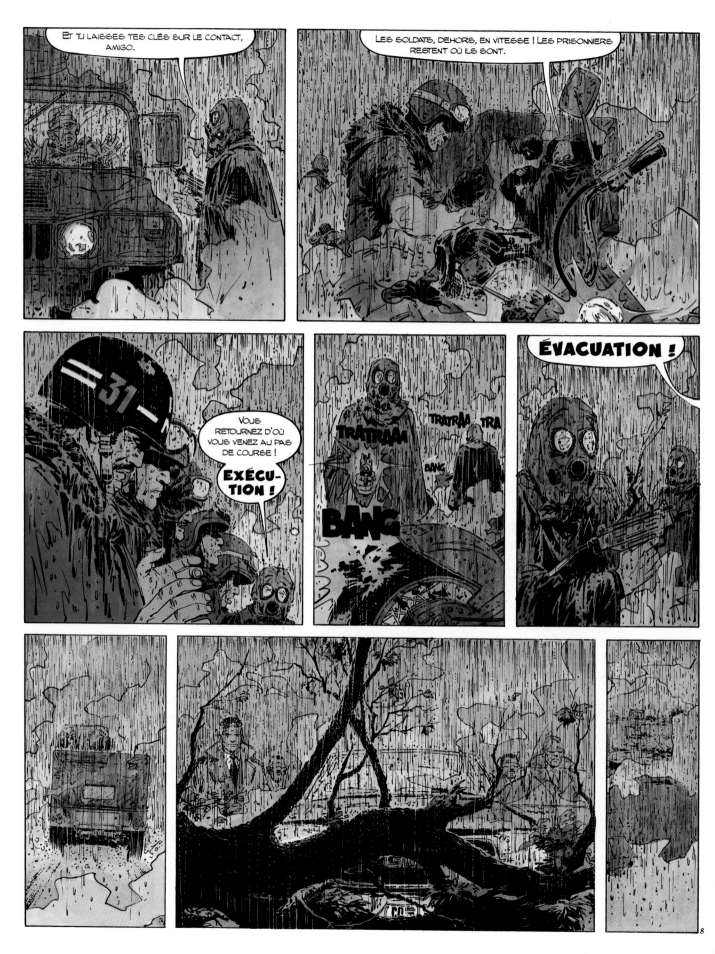

UN TYPE BIEN, CE MULLWAY. IL A PENSÉ À AMENER UNE PROVISION DE VIN ET DE CIGARES. ET IL NOUS A RACONTÉ SON HISTOIRE"...

SON AMOUR POUR CARLA, LA SŒUR DE GIORDINO... CELUI-CI LA TUANT ACCIDENTELLEMENT AU MOMENT MÊME DE LA NAISSANCE DE SON ENFANT... ENFANT QUI EST PEUT-ÊTRE TOI, MON GARÇON. OU PEUT-ÊTRE PAS.

" VOIR TROIS MONTRES D'ARGENT.

MULLWAY ACCUSÉ DU MEURTRE, OBLIGÉ DE FUIR ET SE RÉFUGIANT ICI, AU COSTA VERDE. LÀ MÊME OÙ SON GRAND-ONCLE PAR ALLIANCE, LIAM MAC LANE, S'ÉTAIT ENFUI 50 ANS PLUS TÔT, POUR FINIR PAR TROUVER LA FOI ET ENTRER DANS UN MONASTÈRE...

LES AVENTURES DE CE LIAM ET DE SES DEUX AMIS D'ENFANCE, GEORGE MULLWAY ET JACK CALLAHAN... LEUR PARTICIPATION À LA RÉVOLUTION MEXICAINE... ET LE TRÉSOR DE GUERRE DE L'EX-EMPEREUR MAXIMILIEN, 100.000 PESOS-OR, QU'ILS ONT VOLÉ ET CACHÉ QUELQUE PART ENTRE LA SIERRA MADRE ET LE RIO GRANDE...

LES TROIS MONTRES D'ARGENT DANS LE BOÎTIER DESQUELLES LES TROIS JEUNES IRLANDAIS AVAIENT GRAVÉ CHACUN UNE PARTIE DES COORDONNÉES DE LA CACHETTE... LA MORT TRAGIQUE DES DEUX AMIS DE MAC LANE ET LA MANIÈRE DONT SEAN MULLWAY ET ARMAND DE PRÉSEAU ONT RETROUVÉ LEURS MONTRES 50 ANS PLUS TARD...

ET CETTE LETTRE DU VIEUX LIAM, À L'APPROCHE DE SA MORT, EXPLIQUANT QU'IL SE FERAIT ENTERRER AVEC LA TROISIÈME MONTRE EN UN LIEU INCONNU AFIN QUE NUL NE PUISSE RETROUVER LE TRÉSOR MAUDIT. UN VRAI FEUILLETON TÉLÉ !...

LE FEUILLETON S'ARRÊTE LÀ, GÉNÉRAL. MULLWAY A PASSÉ 30 ANS AU COSTA VERDE À CHERCHER EN VAIN LA TOMBE DE LIAM MAC LANE.

ERREUR, MON GARÇON, LE FEUILLETON CONTINUE. À NOTRE TROISIÈME BOUTEILLE, TON PEUT-ÊTRE PÈRE NOUS A AVOUÉ QU'IL CROYAIT ENFIN SAVOIR OÙ SE TROUVAIT CETTE FAMEUSE TOMBE.

?

13.

15

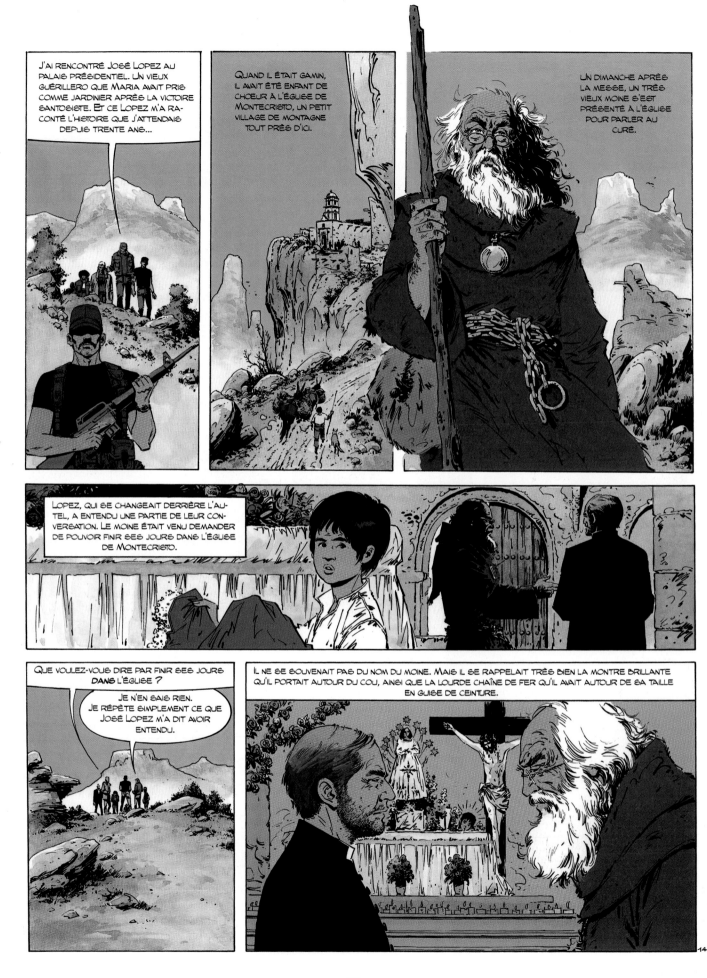

J'AI RENCONTRÉ JOSÉ LOPEZ AU PALAIS PRÉSIDENTIEL. UN VIEUX GUÉRILLERO QUE MARIA AVAIT PRIS COMME JARDINIER APRÈS LA VICTOIRE SANTOSISTE. ET CE LOPEZ M'A RACONTÉ L'HISTOIRE QUE J'ATTENDAIS DEPUIS TRENTE ANS...

QUAND IL ÉTAIT GAMIN, IL AVAIT ÉTÉ ENFANT DE CHŒUR À L'ÉGLISE DE MONTECRISTO, UN PETIT VILLAGE DE MONTAGNE TOUT PRÈS D'ICI.

UN DIMANCHE APRÈS LA MESSE, UN TRÈS VIEUX MOINE S'EST PRÉSENTÉ À L'ÉGLISE POUR PARLER AU CURÉ.

LOPEZ, QUI SE CHANGEAIT DERRIÈRE L'AUTEL, A ENTENDU UNE PARTIE DE LEUR CONVERSATION. LE MOINE ÉTAIT VENU DEMANDER DE POUVOIR FINIR SES JOURS DANS L'ÉGLISE DE MONTECRISTO.

QUE VOULEZ-VOUS DIRE PAR FINIR SES JOURS *DANS* L'ÉGLISE ?

JE N'EN SAIS RIEN. JE RÉPÈTE SIMPLEMENT CE QUE JOSÉ LOPEZ M'A DIT AVOIR ENTENDU.

IL NE SE SOUVENAIT PAS DU NOM DU MOINE. MAIS IL SE RAPPELAIT TRÈS BIEN LA MONTRE BRILLANTE QU'IL PORTAIT AUTOUR DU COU, AINSI QUE LA LOURDE CHAÎNE DE FER QU'IL AVAIT AUTOUR DE SA TAILLE EN GUISE DE CEINTURE.

14.

LE BARRAGE QUI RETIENT CE LAC ARTIFICIEL, LE LAC MONTECRISTO DU NOM DU VILLAGE ENGLOUTI, A ÉTÉ ACHEVÉ PAR LES RUSSES EN 1960, PENDANT LA PRÉSIDENCE DE JOSÉ-ENRIQUE DE LOS SANTOS, LE PÈRE DE NOTRE PRÉSIDENTE ACTUELLE, PEU AVANT QU'IL NE SOIT RENVERSÉ PAR LE GÉNÉRAL ORTIZ AVEC L'AIDE DE LA CIA AMÉRICAINE.

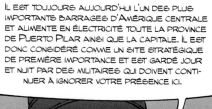

IL EST TOUJOURS AUJOURD'HUI L'UN DES PLUS IMPORTANTS BARRAGES D'AMÉRIQUE CENTRALE ET ALIMENTE EN ÉLECTRICITÉ TOUTE LA PROVINCE DE PUERTO PILAR AINSI QUE LA CAPITALE. IL EST DONC CONSIDÉRÉ COMME UN SITE STRATÉGIQUE DE PREMIÈRE IMPORTANCE ET EST GARDÉ JOUR ET NUIT PAR DES MILITAIRES QUI DOIVENT CONTINUER À IGNORER VOTRE PRÉSENCE ICI.

EN FAIT, LA MESSE QU'AVAIT DITE LE CURÉ DE MONTECRISTO LORSQUE LE VIEUX MOINE EST VENU LE TROUVER ÉTAIT LA DERNIÈRE. LE VILLAGE DEVAIT ÊTRE ÉVACUÉ LE LENDEMAIN ET L'EAU DEVAIT COMMENCER À ENVAHIR LA VALLÉE TROIS JOURS PLUS TARD.

LIAM, SI C'ÉTAIT BIEN LUI, NE POUVAIT PAS TROUVER UNE MEILLEURE CACHETTE POUR SA TOMBE. APRÈS AVOIR NATURELLEMENT PROTESTÉ, LE BRAVE CURÉ A FINI PAR CÉDER À L'ÉTRANGE REQUÊTE DE SON VISITEUR.

SANS DOUTE CONTRE DE L'ARGENT CAR, D'APRÈS LOPEZ, IL A ÉGALEMENT ACCEPTÉ DE LAISSER DANS L'ÉGLISE LE GRAND CHRIST QUI ORNAIT LE MUR AU FOND DU CHŒUR.

J'AI DONC LA QUASI-CERTITUDE QU'AU FOND DE CE LAC, NOUS ALLONS TROUVER LA TROISIÈME CLÉ QUI NOUS MÈNERA ENFIN AU TRÉSOR DE MAXIMILIEN. LE CAPITAINE ROJAS A FAIT AMENER ICI TOUT L'ÉQUIPEMENT DE PLONGÉE NÉCESSAIRE.

CE QUE LA PRÉSIDENTE A ACCEPTÉ À UNE CONDITION...

NOUS NE POUVONS PAS RESTER ICI PLUS DE TROIS JOURS. AU DELÀ, LE RISQUE DE NOUS FAIRE REPÉRER EST TROP GRAND. DONC, VOUS DEVREZ FAIRE VITE.

16

RESTEZ OÙ VOUS ÊTES, SEÑORA, S'IL VOUS PLAÎT.

DE QUOI AS-TU PEUR ?

TOI, TU AS UN FUSIL ET MOI, J'AI DES MENOTTES. COMMENT T'APPELLES-TU, MUCHACHO ?

HEU... VINCENTE, SEÑORA.

ON T'A DÉJÀ DIT QUE TU ÉTAIS FORT JOLI GARÇON, VINCENTE ?

!?!

TU SAIS, EN PRISON, IL N'Y A PAS QUE LA LIBERTÉ QUI M'A MANQUÉ. FERME LA PORTE À CLÉ ET VIENS PRÈS DE MOI...

SEÑORA, JE...

ALLONS, VINCENTE... TU ES UN SOLDAT ET MOI, JE NE SUIS QU'UNE FEMME. J'AI TELLEMENT ENVIE QUE TU ME DONNES DU PLAISIR, MON BEAU GUERRIER.

ET SI TU M'ÔTAIS CES MENOTTES, RIEN QUE POUR QUELQUES MINUTES, JE POURRAIS T'EN DONNER AUSSI. PLUS QUE TU N'AS JAMAIS OSÉ L'IMAGINER DANS TES RÊVES LES PLUS FOUS !...

N'OUBLIEZ PAS QUE SEULE LA PRÉSIDENTE, MOI-MÊME ET QUELQUES HOMMES DE SA GARDE PERSONNELLE SOMMES AU COURANT DE VOTRE PRÉSENCE ICI...

17.

VOUS DEVREZ DONC RESTER EN PERMANENCE HORS DE VUE DES SENTINELLES DU BARRAGE, ET...

TTR **?** TTRRA TTRRA

VRRR

PAW PAW PAW

TTRRA TT

HAHAHAHAHAHA

J'AI BIEN PEUR QUE VOUS N'AYEZ SOUS-ESTIMÉ VOTRE PRISONNIÈRE, CAPITAINE ROJAS.

18.

C'ÉTAIT VOTRE SEUL CANOT, MAIS POURQUOI NE L'AVEZ-VOUS PAS POURSUIVIE AVEC LE CAMION ?

LA ROUTE EST TROP SINUEUSE. LA RIVIÈRE, ELLE, FILE PRESQUE EN LIGNE DROITE JUSQU'À PUERTO PILAR.

JE SUPPOSE QUE VOUS ALLEZ FAIRE LANCER UN AVIS DE RECHERCHE ?

NON. ARRÊTÉE, CETTE *HIJA DE PUTA* RÉVÉLERAIT LE RÔLE QUE J'AI JOUÉ ET L'ENDROIT OÙ NOUS SOMMES. ELLE VIENT DE TUER DEUX DE MES HOMMES, MAIS JE PRÉFÈRE LA SAVOIR EN LIBERTÉ PLUTÔT QUE DE FAILLIR À LA MISSION DONT M'A CHARGÉ LA PRÉSIDENTE.

IL N'EMPÊCHE QUE L'ÉVASION DE CETTE FEMME VA VOUS FAIRE COURIR UN RISQUE SUPPLÉMENTAIRE. VOUS FERIEZ MIEUX DE RENONCER À VOTRE PROJET ET DE QUITTER IMMÉDIATEMENT LE PAYS.

NON !

NOUS SOMMES DES PROSCRITS, CAPITAINE. ET LES PROSCRITS ONT BESOIN D'ARGENT POUR SURVIVRE JUSQU'À CE QUE LEUR BON DROIT SOIT RÉTABLI. SI LA MONTRE DE LIAM MAC LANE SE TROUVE EFFECTIVEMENT AU FOND DE CE LAC, ET SI ELLE PEUT NOUS MENER À UN TRÉSOR, NOUS N'AVONS PAS D'AUTRE CHOIX QUE DE TENTER L'AVENTURE.

QU'EN PENSES-TU, MON GARÇON ?

CET OR NE M'INTÉRESSE PAS EN SOI, GÉNÉRAL. MAIS J'AI BIEN PEUR QUE VOUS N'AYEZ RAISON, IL FAUT Y ALLER !

CETTE MARCHANDE DE BANANES SE FICHE DE NOUS, SPENCER ! CES AIGLES NOIRS N'ONT JAMAIS EXISTÉ !

JE PENSE EN EFFET QUE LA PRÉSIDENTE DE LOS SANTOS NOUS MÈNE EN BATEAU, MONSIEUR.

ALORS, RETROUVEZ NOS LASCARS, NOM DE DIEU ! ORDRE DIRECT DE WASHINGTON: ILS VEULENT LEUR TÊTE À N'IMPORTE QUEL PRIX !

19.

21

MERCI, JACK. PASSEZ ME PRENDRE DEMAIN À 7H.

ENTENDU, MONSIEUR. BONNE NUIT.

BONSOIR, SEÑOR. LA JEUNE DAME QUE VOUS ATTENDIEZ EST DANS LE SALON.

LA JEUNE DAME ? QUELLE JEUNE DAME ?

??

BONSOIR, SPENCER.

FELICIDAD MORENO! VOUS NE MANQUEZ PAS DE CULOT DE VENIR CHEZ MOI. MES PROPRES HOMMES SONT À VOTRE RECHERCHE.

JE M'EN DOUTE. CE N'EST PAS LE PREMIER SECRÉTAIRE D'AMBASSADE QUE JE SUIS VENUE VOIR, MAIS LE C.O.S.* DE LA CIA. VOUS ME RESSERVEZ UN WHISKY ?

*CHEF OF STATION. REPRÉSENTANT DE LA CIA DANS UN PAYS ÉTRANGER.

COMMENT SAVEZ-VOUS QUE ?...

VOUS OUBLIEZ QUE JE N'ÉTAIS PAS SEULEMENT LA MAÎTRESSE DE CE GROS LARD D'ORTIZ, MAIS AUSSI CELLE DU COLONEL PERALTA, LE CHEF DE LA POLICE SECRÈTE.

SANS GLACE, LE WHISKY, S'IL VOUS PLAÎT.

JE SUIS VENUE VOUS PROPOSER UN MARCHÉ, SPENCER. JE VOUS LIVRE LA CACHETTE DE CEUX QUE VOUS RECHERCHEZ CONTRE UN PASSEPORT, 50.000 DOLLARS ET UN BILLET D'AVION POUR L'ARGENTINE.

MMH... LAISSEZ-MOI LA NUIT POUR RÉFLÉCHIR. EN VOTRE COMPAGNIE, BIEN ENTENDU.

POURQUOI PAS ? IL PARAÎT QUE LES NUITS AVEC MOI NE PORTENT PAS QUE CONSEIL. TCHIN-TCHIN !

25

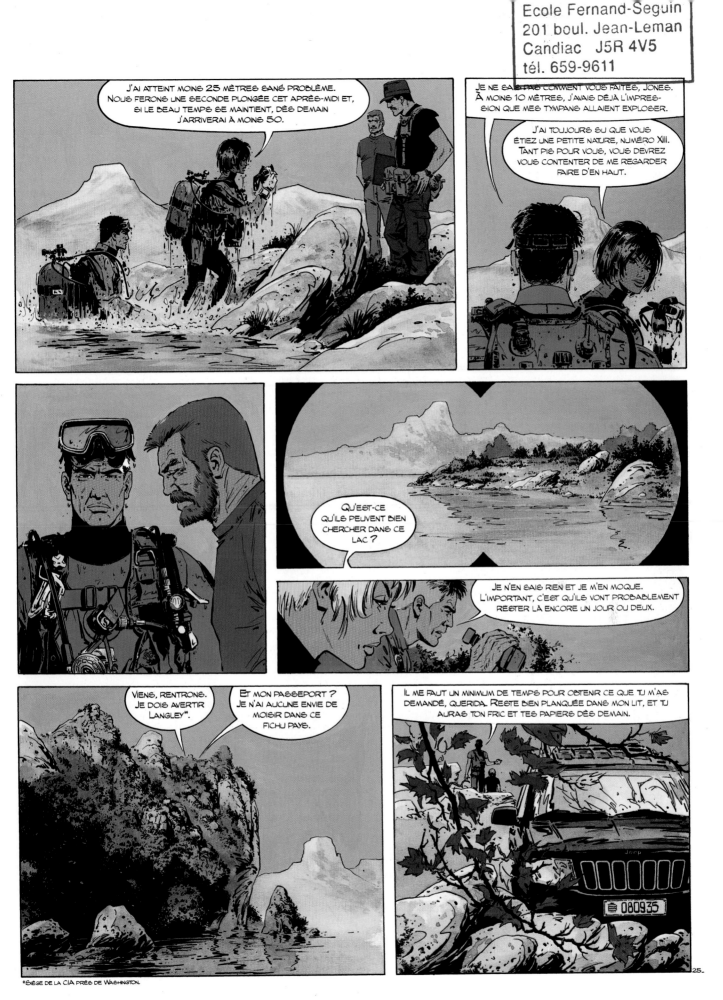

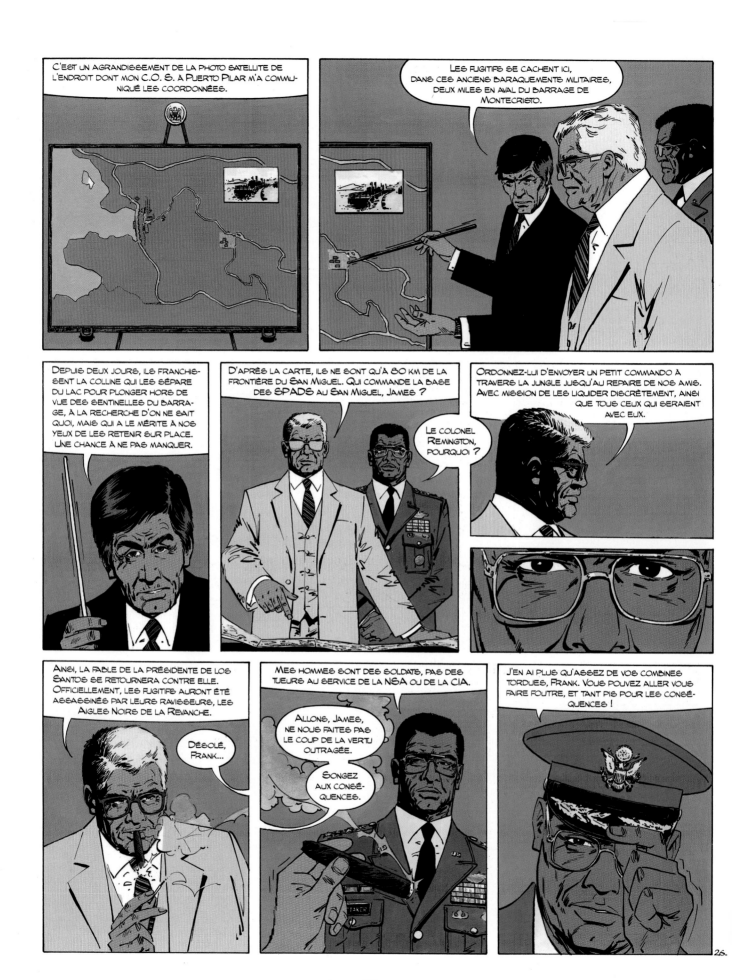

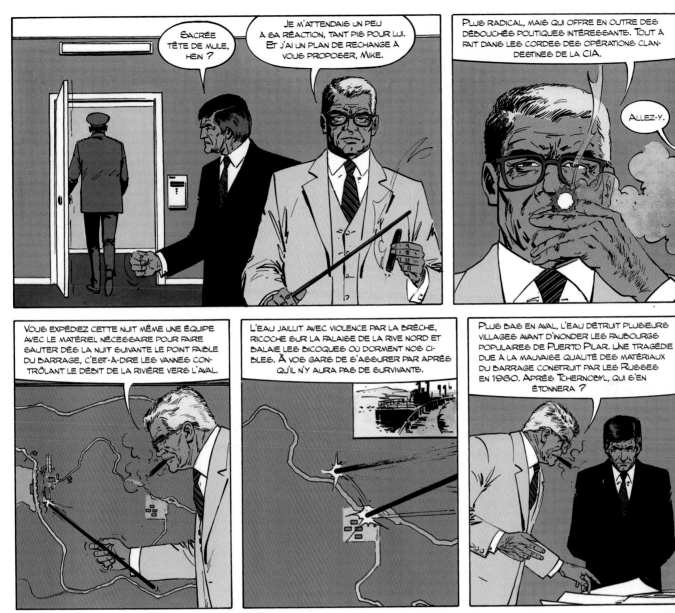

SACRÉE TÊTE DE MULE, HEIN ?

JE M'ATTENDAIS UN PEU À SA RÉACTION, TANT PIS POUR LUI. ET J'AI UN PLAN DE RECHANGE À VOUS PROPOSER, MIKE.

PLUS RADICAL, MAIS QUI OFFRE EN OUTRE DES DÉBOUCHÉS POLITIQUES INTÉRESSANTS. TOUT À FAIT DANS LES CORDES DES OPÉRATIONS CLANDESTINES DE LA CIA.

ALLEZ-Y.

VOUS EXPÉDIEZ CETTE NUIT MÊME UNE ÉQUIPE AVEC LE MATÉRIEL NÉCESSAIRE POUR FAIRE SAUTER DÈS LA NUIT SUIVANTE LE POINT FAIBLE DU BARRAGE, C'EST-À-DIRE LES VANNES CONTRÔLANT LE DÉBIT DE LA RIVIÈRE VERS L'AVAL.

L'EAU JAILLIT AVEC VIOLENCE PAR LA BRÈCHE, RICOCHE SUR LA FALAISE DE LA RIVE NORD ET BALAIE LES BICOQUES OÙ DORMENT NOS CIBLES. À VOS GARS DE S'ASSURER PAR APRÈS QU'IL N'Y AURA PAS DE SURVIVANTS.

PLUS BAS EN AVAL, L'EAU DÉTRUIT PLUSIEURS VILLAGES AVANT D'INONDER LES FAUBOURGS POPULAIRES DE PUERTO PILAR. UNE TRAGÉDIE DUE À LA MAUVAISE QUALITÉ DES MATÉRIAUX DU BARRAGE CONSTRUIT PAR LES RUSSES EN 1960. APRÈS TCHERNOBYL, QUI S'EN ÉTONNERA ?

NOUS DEVRIONS DONC POUVOIR EN PROFITER POUR DÉSTABILISER L'ACTUEL RÉGIME SANTOSISTE ET REMETTRE EN PLACE DES DIRIGEANTS CORRESPONDANT DAVANTAGE À NOTRE IDÉOLOGIE DE LIBERTÉ DÉMOCRATIQUE. BREF, D'UNE PETITE PIERRE UN GRAND COUP. QU'EN PENSEZ-VOUS, MIKE ?

COSTA VERDE 77-1
MAPA TOPOGRAFICO
1:25.000
1 CM : 250 M

FRANK, VOUS SEREZ DÉCIDÉMENT TOUJOURS PLUS MACHIAVÉLIQUE QUE MOI. JE METS IMMÉDIATEMENT EN ROUTE L'OPÉRATION MONTECRISTO.

ET INUTILE D'EN INFORMER LA MAISON-BLANCHE. NOTRE BRAVE PRÉSIDENT A DÉJÀ BIEN ASSEZ DE SOUCIS COMME ÇA.

27.

MULLWAY...

JE REGRETTE POUR HIER SOIR. JE NE PENSAIS PAS CE QUE JE DISAIS.

MAIS SI, TU LE PENSAIS. ET TU AVAIS RAISON.

J'AI RATÉ MA VIE, JASON. PENDANT TRENTE ANS, J'AI COURU DERRIÈRE CET OR VOLÉ PAR MON GRAND-ONCLE. ET AUJOURD'HUI QUE JE TOUCHE PEUT-ÊTRE AU BUT, JE ME DIS: À QUOI BON ?

POURQUOI ACCEPTES-TU DE M'AIDER, FILS ?

PARCE QUE CARRINGTON A RAISON. À CAUSE DE MOI, PRÉSEAU ET VOUS AVEZ TOUT PERDU.

CARRINGTON ET AMOS SONT DES PROSCRITS, JONES EST PORTÉE DÉSERTEUR... ET TOUT ÇA PAR MA FAUTE. JE ME SENS RESPONSABLE ET LE MOINS QUE JE PUISSE FAIRE EST DE VOUS AIDER À VOUS EN SORTIR COMME VOUS M'AVEZ TOUS AIDÉ À L'UN OU L'AUTRE MOMENT DE CETTE DÉPLORABLE AVENTURE.

28

31

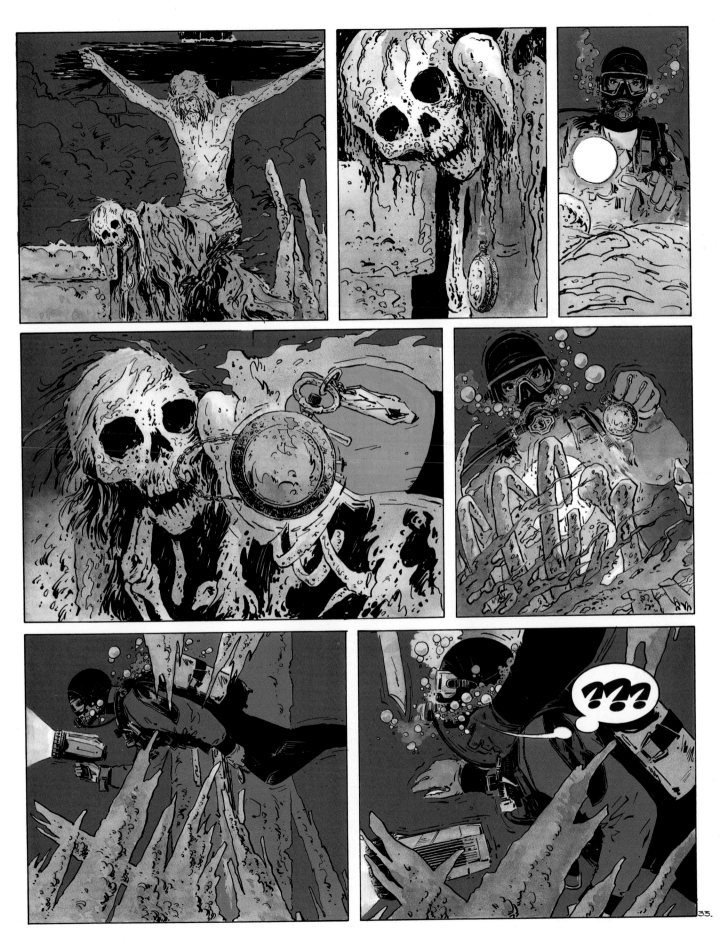

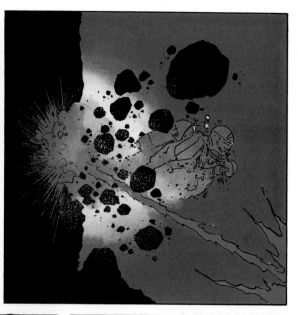

36.

39

LAISSONS AUX AUTRES LE TEMPS DE REGA-GNER LEUR CAMPEMENT. LA MASSE D'EAU LES ÉCRASERA ET VOUS AUREZ REMPLI VOTRE MISSION.

MÊME S'ILS N'ONT PAS REMARQUÉ L'EXPLOSION SOUS-MARINE, LES GARDES DU BARRAGE VONT REPÉRER LES CORPS DE MES PLONGEURS. ILS VONT NOUS TOMBER SUR LE POIL.

PERSONNE NE SAIT QUE NOUS SOMMES ICI ET LE 4X4 EST BIEN CACHÉ. UNE HEURE, CLAYTON. DANS UNE HEURE, VOUS APPUYEZ SUR LE BOUTON. APRÈS, LES GARDES DU BARRAGE AURONT D'AUTRES SOUCIS QUE DE NOUS CHERCHER.

UNE QUESTION, SPENCER...

QUI SONT CES TYPES DONT LANGLEY VEUT LA PEAU À TOUT PRIX ? DES AGENTS ENNEMIS ?

ÇA NE VOUS REGARDE PAS, CLAYTON. FAITES COMME MOI: OBÉISSEZ AUX ORDRES SANS POSER DE QUESTIONS.

VOUS Y CROYEZ, VOUS, À CETTE HISTOIRE DE TRÉSOR MEXICAIN ?

POURQUOI PAS ? DE TOUTE MANIÈRE, NOUS N'AVONS PLUS RIEN À PERDRE.

ET PUIS, LE MEXIQUE EST UN BEAU PAYS POUR PASSER SA RETRAITE, NON ?

LA RETRAITE, JE VAIS AVOIR DU MAL À M'Y FAIRE, GÉNÉRAL. MÊME DANS UNE HACIENDA MEXICAINE AVEC DES PIÈCES D'OR CACHÉES SOUS MON MATELAS.

WWRRRRRr

? ?

CD 0017.

38.

41

IL Y A UNE SENTINELLE À L'ENTRÉE, QU'EST-CE QU'ON FAIT ?

ILS NE DOIVENT PAS ÊTRE TRÈS NOMBREUX À MONTER LA GARDE. ALLONS-Y, ON DISCUTERA PLUS TARD. À VITESSE NORMALE POUR COMMENCER.

ALTO !

VVRRRRRRRROOOMM

HRRRRRRROOOOOO...

UNE VOITURE DE L'AMBASSADE AMÉRICAINE, MON LIEUTENANT. OUI, ILS ONT FORCÉ LE BARRAGE.

41.

43

LE LIEUTENANT ORTEGA S'OCCUPERA DU PRISONNIER. ET IL FERA VENIR UNE ÉQUIPE DE PLONGEURS POUR DÉSAMORCER LES CHARGES DÈS QUE CET ESPION DE LA CIA LEUR AURA DIT OÙ ELLES ONT ÉTÉ PLACÉES.

VOTRE AMI SERA ENTERRÉ AVEC LES HONNEURS MILITAIRES. QUANT À CETTE CRIMINELLE, PUISQUE VOUS LUI AVEZ DONNÉ VOTRE PAROLE, QU'ELLE AILLE AU DIABLE. MAIS VOUS COMPRENDREZ QUE JE NE LA LAISSE PAS PARTIR DE GAIETÉ DE COEUR. BIEN, ALLONS-Y, ON NOUS ATTEND.

44.

46